AIとともに生きる未来 4

これからのAI

「シンギュラリティ」が来る?

山田誠二・監修

はじめに

AI《エーアイ》とロボットの関係、AIと人間の関係を想像してみよう

AI《エーアイ》（人工知能《ちのう》）の研究が最終的に目指しているものは、何でしょうか？

いろいろな答えが考えられますが、一番わかりやすく、イメージしやすいものとして、『人間と同じくらい賢《かしこ》いロボットを作ること』という答えがあるでしょう。

そうです、何でも人間並《なみ》、いやある意味では人間を超《こ》えているロボットである「鉄腕《てつわん》アトム」が、AI の目指している最終目標なのです。

でも、ちょっと考えてみてください。どうでしょうか、鉄腕アトムを作ることはできるのでしょうか。実は、鉄腕アトムを作ることは、みなさんが考えているよりもずっとずっと難《むずか》しいのです。多くの AI 研究者は鉄腕アトムを目指していることは確かで、それは大人にとってもとても夢のある目標といえるでしょう。このように、鉄腕アトムのようなロボットは、AI 研究者の究極《きゅうきょく》の夢なのです。

さて、AI はロボットの頭脳《ずのう》を担当《たんとう》するので、AI が進化するとロボットもどんどん賢くなっていくはずです。

そして、ロボットの技術、例えば、周りの環境《かんきょう》から情報《じょうほう》を検知するセンサーや、環境に行動を起こすアクチュエーター（→ P.13 参照）が進化すると、今度は逆にそれらの進化が AI の進化を加速する可能性《かのうせい》があるのです。

このように、AI とロボットは切っても切れない深い関係があるので、ロボットのことを知ることは、AI を知るためにもすごく大切です。だから、第 1 章では、最初にロボットについて、詳《くわ》しく説明していきます。ロボットとはどんなものか、そして AI とロボットの関係を説明します。

次に、AI《エーアイ》が進化することで、わたしたち人間の生活、特に「働くこと」がどのような影響《えいきょう》を受けるかについて考えていきます。ちょっと前に『AI が人間の

仕事を奪《うば》ってしまう』ということがマスコミで伝えられました。みなさんもテレビやネットで聞いたことがあると思います。みなさんが、これから成長して大人になる頃《ころ》に、自分でやりたかった仕事がAI に奪われていては、がっかりですよね。

でも、心配しないでください。多分そんなことは、起こりません。第２章では、そうしたことについて、マスコミの伝えることとは少し違《ちが》った本当のことを、シンギュラリティにも触《ふ》れながら説明していきます。

そして第３章では、AI のある未来の生活について考えていきます。これから、職場や学校、自宅《じたく》での生活のさまざまな場面で AI が使われていくようになります。AI はこれまでの家電と同じところもありますが、違うところもあります。

違うところは、使っている人の気持ちや体調を読み取って、それに合わせて動いてくれるところです。たとえば、とても暑い真夏に外から帰ってきた汗《あせ》だらだらの人のために、その暑いなーという気持ちや体温を読み取って、AI がいつもより低い温度設定で一気に部屋を涼《すず》しくしてくれます。このように AI が生活に入ってきたとき、これまでとはちょっと違う「人間と家電」の関係、「人間と AI」の関係が生まれてくるでしょう。このような少し未来の人間と AI の関係について、第３章では説明されています。これをよく読んで未来の AI との生活を想像してみてください。きっと、わくわくしてきますよ。

国立情報学研究所 教授
総合研究大学院大学 教授
山田 誠二

巻頭《かんとう》コラム

AI《エーアイ》の進化で実現《じつげん》する!? 未来予想図

すでにたくさんのAI《エーアイ》（人工知能《ちのう》）が、わたしたちの身の周りで活躍《かつやく》しています。そして、今はまだ実現《じつげん》していないものの、近い将来《しょうらい》には実用化されるようになるAIもたくさんあります。

10年後、20年後には、間違《まちが》いなくAIは今よりも進化します。そして、その進化によって、わたしたちの暮《く》らしは、もっと便利に、もっと快適《かいてき》なものになっていくでしょう。

■家庭内で使われるAI《エーアイ》

① スマートスピーカー（AI《エーアイ》スピーカー）

話しかけるだけで、さまざまな家電製品《せいひん》を操作《そうさ》したり、インターネットで情報《じょうほう》を検索《けんさく》して、音声で案内してくれたりします。

② お掃除《そうじ》ロボット

部屋のかたちなどを記憶《きおく》して、自動で室内を掃除《そうじ》します。

③ エアコン、電子レンジ、冷蔵庫《れいぞうこ》

AIによって、人間が快適《かいてき》と感じる室温を自動的に設定《せってい》したり、どんな食材があるのかによって、おすすめの料理を紹介《しょうかい》してくれたりします。

④ 料理のできるAI《エーアイ》ロボット

いまはまだ実用化されていませんが、プロのシェフの料理をAI《エーアイ》が記憶して、その通りの手順で料理してくれます。

■街中で使われるAI《エーアイ》

⑤ AI《エーアイ》防犯カメラ

防犯カメラの映像《えいぞう》を分析《ぶんせき》して、不審者《ふしんしゃ》を発見し、警備員《けいびいん》などに知らせてくれます。

⑥ 自動運転のAI《エーアイ》バス・AIタクシー

近い将来《しょうらい》、人間がまったく運転しなくても自動で目的地まで走る自動運転車が実現《じつげん》するかもしれません。特に、同じルートを走行する路線バスなどは実現が早いといわれています。

⑦ AI《エーアイ》で進化した産業用ロボット

すでに工場のオートメーション化は進んでいますが、AI《エーアイ》によってさらに高度な作業もまかせられるようになるでしょう。

⑧ 農作業AI《エーアイ》・牧場AI

畑や田んぼでは、害虫のいる場所をAI《エーアイ》が見つけ出し、ドローンでその場所だけに農薬をまいたりできるようになります。また、牧場では、牛や豚《ぶた》などの家畜《かちく》の様子をAIが見守り、様子のおかしい牛や豚がいれば、人間に教えてくれるようになります。

第1章

A《エー》I《アイ》の進化で、
ロボット開発が変わる

1 ロボット開発の歴史と今

AI《エー アイ》とロボット開発の良い関係

近年のロボット開発では、その頭脳《ずのう》部分にAI《エーアイ》が利用されることが増《ふ》えてきています。というよりも、今日のロボット開発とAIは、切っても切れない強い関係性《かんけいせい》をもっているといえるでしょう。

すでに、わたしたちのまわりでは、AIを搭載《とうさい》したロボットがたくさん活躍《かつやく》しています。巻頭《かんとう》コラムで取り上げたような、掃除《そうじ》をするロボット、料理をするロボットなどは、まだひとつのことしかできませんが、近い将《しょう》来《らい》には、1台ですべてを人間と同じにやってくれる人型ロボットが登場するかもしれません。その時、そのロボットにはきっとすぐれたAIが搭載されているに違《ちが》いありません。

このように、AIの進化と、ロボットの進化は一心同体のように進んでいくことでしょう。ここでは、そもそもロボットとはどんなものなのかを明らかにすることで、AIとロボットがどのように進化していくのかを見ていくことにします。

ロボットの歴史

多くの人が、「ロボット」と聞くと、人間のように顔があり、手と足が2本ずつあって、人間と同じように歩いたり、物を持ったりする機械を想像《そうぞう》しがちです。巻頭《かんとう》コラムでも、人間のかわりに家事をやってくれる二足歩行ロボットが登場しています。

確《たし》かに、こうしたロボットももちろんロボットなのですが、すべてのロボットが人間と同じような姿《すがた》かたちをしているわけではありません。

ただし、ロボットの歴史を振《ふ》り返《かえ》ってみると、“人間の代わりになる何か”を作り出そうとして考えられたために、人間と同じ形で考えられることが多かったのは事実のようです。

ロボットのはじまり

ギリシア神話の中に、タロスという名の巨《きょ》人《じん》が登場します。この巨人は青銅《せいどう》でできており、自動で動くことのできるロボットのようなものだったと伝えられています。

また、12世紀頃《ごろ》、ヨーロッパを中心に「オートマタ」と呼《よ》ばれる機械人形が盛《さか》んに作られたことがありました。手紙を書くことのできる人型のオートマタや、オルガンを弾《ひ》くことのできる人型のオートマタなどがあります。

日本でも、ロボットの原型ともいうべきものを見ることができます。江戸《えど》時代頃から作られるようになった「からくり人形」です。たとえば、人形が手にもったお盆《ぼん》の上にお茶を置くと、それをお客のところまで自動で運んでくれるというものなどがありました。

このように、大昔から、人間は、自分たち人間の姿《すがた》に似《に》せて、人間のかわりに何かをしてくれる機械を作り続けていたのです。

「ロボット」という言葉が初めて使われるようになったのは、1920 年のことだといわれています。カレル・チャペックというチェコスロバキア（現在《げんざい》は、チェコ共和国とスロバキア共和国に分離《ぶんり》）の作家が、自身の作品「R.U.R.（エル・ウー・エル）」の中で使ったのです。もともとはチェコ語の「強制《きょうせい》労働」を意味する言葉が語源《ごげん》だったようです。

現代《げんだい》におけるロボットとは

ギリシア神話に登場するタロスも、お茶を運ぶからくり人形も、“ ロボットのようなも

手紙を書くピエロ
野坂オートマタ美術館

タロスのイメージ

茶運び人形
伝 細川半蔵作
高知県立歴史民俗資料館蔵

の”ではありますが、決してロボットではありません。

では、ロボットとはどんなものをいうのでしょうか。実は、世界中で多くの科学者がロボットを研究したり、開発したりしていて、「どんなものをロボットと呼《よ》ぶか」については、いろいろな考え方があります。しかしここでは、国の機関（国立研究開発法人新エネルギー・産業技術総合《ぎじゅつそうごう》開発機構《きこう》）の定義《ていぎ》を参考にします。それは、次のようなものです。

> センサー、知能《ちのう》・制御系《せいぎょけい》、駆動系《くどうけい》の3つの要素《ようそ》技術を有する、知能化した機械システム

ちょっと難《むずか》しいですが、ポイントは、①カメラや超音波などを使って、まわりの様子を感じること（センサー）、②何かの判断《はんだん》をすること（知能・制御系）、③動くものであること（駆動系）、の３つです。

この３つのポイントを備えた機械がロボットだということになります。

> 感じる ＜センサー＞
> 判断する ＜知能・制御系＞
> 動く ＜駆動系＞

センサー、知能・制御系、駆動系というと難しく感じますが、要は、外部の様子を見たり聞いたりして“感じ取り”、その感じ取った情報に対して何をすべきかを判断し、すべきことを、機械を動かして実行する、ということです。感じて、判断して、動く、この３つができれば、それはロボットです。

■「感じる」仕組み

赤外線センサーや超音波《ちょうおんぱ》センサーなどが代表的なセンサーです。光のはね返りや、音のはね返りなどを利用して、物の形や、距離《きょり》などを測《はか》ります。人間の目や耳にあたります。

赤外線センサー

超音波センサー

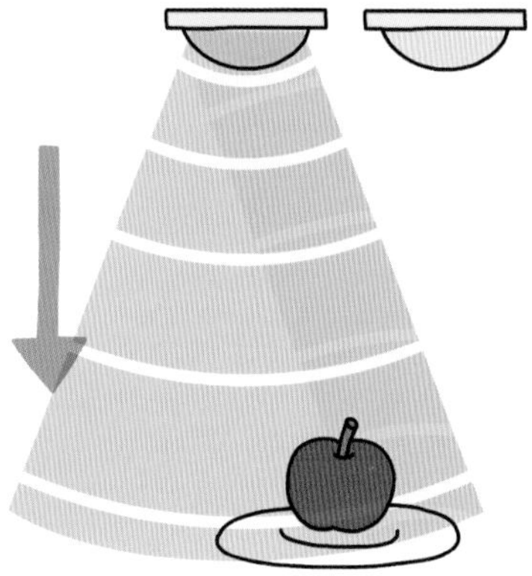

■「判断する」仕組み

制御系《せいぎょけい》というのは、ある状況《じょうきょう》や条件《じょうけん》が決まった時に、何をどうするかをあらかじめプログラムしておくことをいいます。たとえば、自動運転車の仕組みとして、「超音波《ちょうおんぱ》センサーによって、前方の障害物《しょうがいぶつ》との距離《きょり》が○○ m だと判明《はんめい》したら、ブレーキをかける」というプログラムを組みこむことが、自動車やブレーキを制御、つまりコントロールすることになります。

■「動く」仕組み

人間は、腕《うで》や足の筋肉《きんにく》を動かして、物をとったり、歩いたり走ったりします。ロボットは、筋肉の代わりにアクチュエーター（関節など動作部分）という機械を使うのが一般的《いっぱんてき》です。

工場のオートメーション機械も、デパートの自動ドアもロボット

今日では、いろいろな工場で、オートメーションという仕組みが使われており、一定の作業を機械が自動でやってくれます。このオートメーションという仕組みで使われる機械もロボットです。ベルトコンベアの上を部品が流れてくると、それをセンサーで検知《けんち》し、あらかじめ組みこまれたプログラムによって、たとえば「部品Aと部品Bをセットする」ことを判断《はんだん》し、実際《じっさい》にアクチュエーターを使ってセット組みをします。まさにロボットですね。

デパートの自動ドアもロボットだといえます。人が近づくと、センサーが感知して、「ドアを開けなければいけない」と判断し、実際にモーターを動かしてドアを開けます。

人型ではないロボットは身の回りにたくさんある

最初に触《ふ》れたように、「ロボット」と聞くと、人型ロボットを想像《そうぞう》しがちですが、ロボットの定義《ていぎ》がわかれば明らかなように、ロボットは必ずしも、人の形をしていません。むしろ、人型ではないロボットの方が実用化されているものが多いでしょうし、わたしたちの身の周りにもたくさんあるのです。

自分の近くにどんなロボットがあるか、注意深く見てみましょう。

商品を“見て”加工する

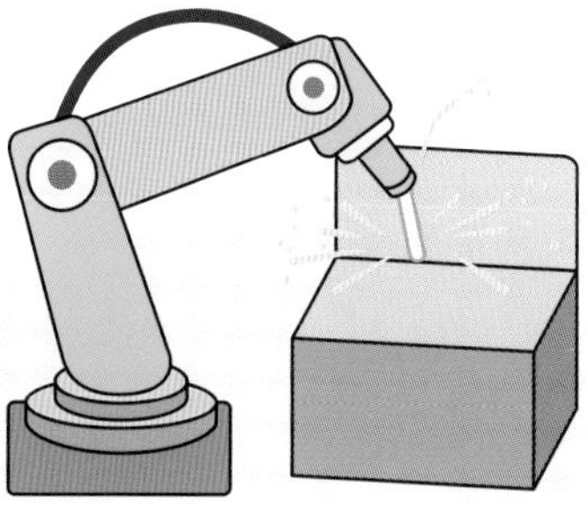

“モノ”を見て、にぎったりはなしたりする

人を感じて、フタを開けたりドアを開けたりする

2 ロボットの頭脳《ずのう》としてのAI《エーアイ》

ロボットの“考える”部分を担当《たんとう》する「知能《ちのう》・制御系《せいぎょけい》」

ロボットの“考える”部分を担当《たんとう》しているのが「知能《ちのう》・制御系《せいぎょけい》」です。制御とはコンピュータープログラムのことで、「知能」はまさにAI《エーアイ》そのものだと考えてよいでしょう。

つまり、今日のロボットの定義《ていぎ》の中にある「知能・制御系」では、今後ますますAIが重要になってくるといえるでしょう。

単純《たんじゅん》な制御プログラムを使うだけでは、あらかじめ決められた入力情報《じょうほう》しか扱《あつか》うことができず、より高度なことを処理《しょり》するためには、そうした単純な制御プログラムだけでは十分とはいえないのです。

たとえば、画像《がぞう》を使って、欠陥製品《けっかんせいひん》かどうかを判断《はんだん》し、欠陥製品であれば、取りのぞくという検品《けんぴん》ロボットがあったとします。

この検品ロボットは、たとえば、ベルトコンベアを流れてくる製品を、ひとつひとつ写真に撮《と》り、プログラムの中にある“正しい製品”の形と照合します。そして、照合の結果、「正しい製品だ」と判断されれば、その製品はベルトコンベアを流れ続けて、次の工程《こうてい》へと進みます。

しかし、角が少しつぶれているような製品が流れてくると、「正しい製品ではない」と判断し、ロボットアームを使って、ベルトコンベアから取りのぞくことができます。

この製品が流れてくるベルトコンベアでは、製品はすべて同じ向きで流れてくること

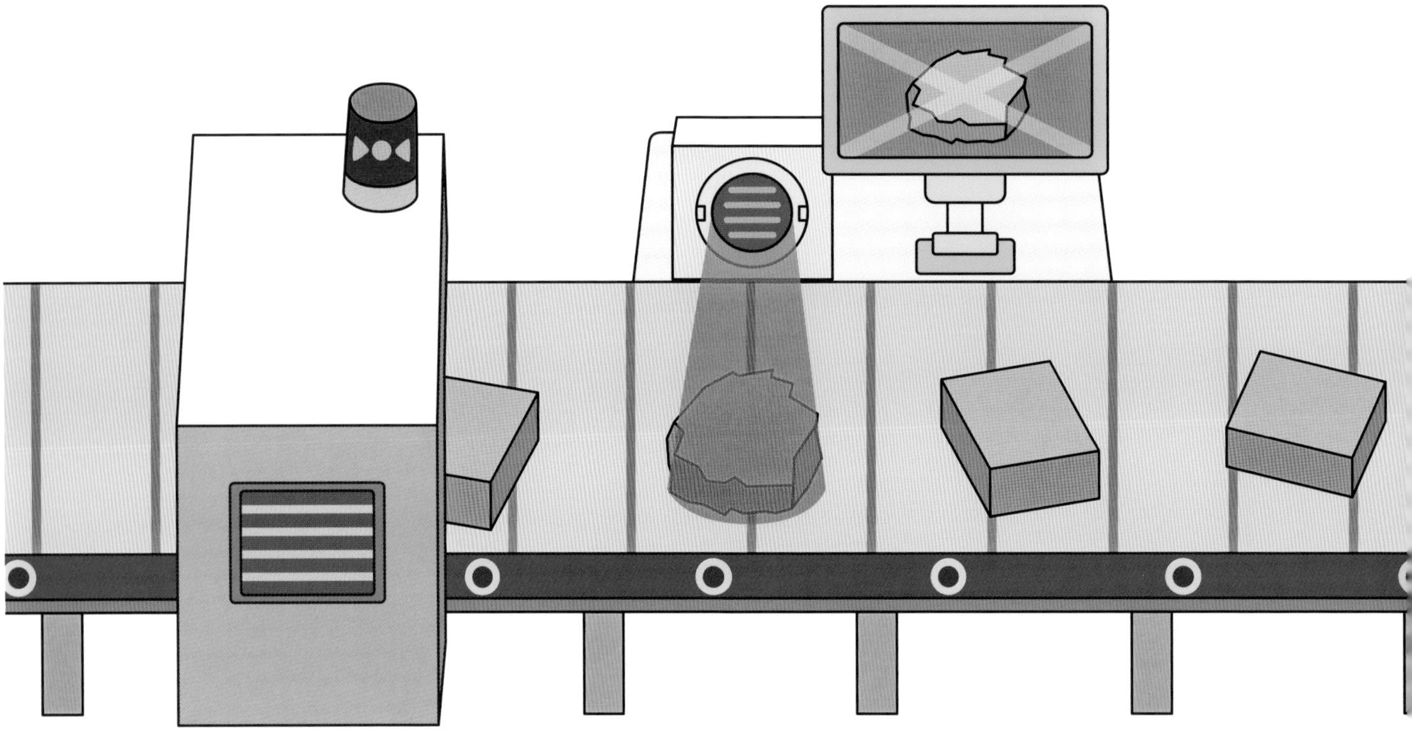

になっているので、検品ロボットも画像の照合がしやすく、正しい判断ができます。

しかし、ベルトコンベアを流れてくる製品が、縦《たて》向《む》きだったり、横向きだったり、斜《なな》めになっていたりすると、とたんに正しい判断ができなくなります。なぜなら、制御プログラムの中には、決まった向きの写真しか読みこまれておらず、違《ちが》う向きになっている製品は、正しい製品の画像と一致《いっち》しなくなってしまうからです。

そのような場合は、プログラムを作《つく》り替《か》えて、どんな向きで製品が流れてきても、正しい製品と欠陥のある商品を正しく見比《みくら》べられるようにしなければなりません。

しかし、この検品ロボットが、機械学習によって、自ら正しい製品を判断できるAIを使っていたら、検品ロボット自らが正確《せいかく》な判断のための"学習"を行い、プログラムを作り替えなくても、精度《せいど》の高い検品ができるようになります。

AI《エーアイ》の活用で、さまざまな作業が簡単《たんかん》になる

ロボットの頭脳《ずのう》にAI《エーアイ》を活用することによって、ロボット自体の作業が正確《せいかく》になることはもちろんですが、使用する産業用ロボットによっては、それを使うための人間の作業を簡単《かんたん》にすることもあります。

たとえば、ベルトコンベアから部品Aと部品Bを取り出して、その2つをセットするという作業をロボットにさせるためには、「ティーチング」といって、ロボットに具体的な動きを覚えさせることが必要になります。ロボットはティーチングされた動作を記《き》憶《おく》して、実際《じっさい》の作業で、その動作を再生《さいせい》することによって働きます。

具体的には、実際にロボットを動かして、その動きをロボットに記録します。ロボットは、その記録された動きを再生することで、

与えられた作業を行います。ただし、作業がうまくいかなかった時には、ロボットを動かす作業をやり直さなければなりません。

しかしAIを活用すると、人間が必要な動きをやって見せるだけで、失敗した場合も考えた上で、ロボットが動作を真似するようになるのです。これなら、人間は一度だけ教えてやればよく、ティーチングの手間はとても少なくなり、簡単になります。

アメリカのカリフォルニア大学などでは、AIを搭載《とうさい》したロボットに人間の動作を観察《かんさつ》させて、その動きを真似《まね》させるという研究に取り組んでいます。

まだ実用化の段階《だんかい》ではないようですが、この技術《ぎじゅつ》が完成すれば、これまでプログラムという形でロボットに記憶《きおく》させていた動作を、プログラムするのではなく、人間が実際《じっさい》にやって見せるだけで、ロボットが再現《さいげん》できるようになります。

AI《エーアイ》の進化で、ロボットも進化する

AI《エーアイ》の使い方はさまざまです。自動運転車に使われていますし、医療診断《いりょうしんだん》にも使われます。AI を使ったスマートスピーカーはすでに家庭で使われていて、人間の話し言葉を聞いて、テレビをつけたり、照明を消したりもします。掃除《そうじ》も AI を搭載《とうさい》したロボットが勝手にやってくれます。

そして、AI の進化はこの先もまだまだ続きます。AI がさらに進化すれば、わたしたちの暮《く》らしはもっともっと便利になります。

そこには、AI を搭載したロボットが活躍《かつやく》する場面も間違《まちが》いなく増《ふ》えていることでしょう。AI が進化すれば、その分、ロボットも進化するのです。

ロボットにはいろいろな形があって、人型ロボットだけがロボットではないというお話をしましたが、ではなぜ、人間は人型ロボットにこだわるのでしょうか。

それは、家の中をはじめとする人間の生活空間や活動空間が、人間の姿《すがた》を元にして作られているからです。今の家の形や空間の設計《せっけい》も、さまざまなビルなどの建物も、すべて人間が使うことを前提《ぜんてい》として、人間にとって使いやすい形を作っているのです。ですから、人間のそばにいて、人間と共存《きょうぞん》するロボットは、人型である方が動きやすいのです。

つまり、人間が暮らす空間で人間を手助けするロボットは、より人型であることがのぞましいといえるのです。

二足歩行し、2 本の腕《うで》で物を拾ったり、運んだりするアクチュエーターは、とても進化しています。センサーの性能も高まっています。そこに AI の進化が加われば、アトムのようなロボットが実現《じつげん》することも夢ではないかもしれません。

災害現場《さいがいげんば》などで働くロボットは、キャタピラーがよいが、家の中を動くためには、二足歩行が都合がよい。

コラム

HAI《エイチエーアイ》（ヒューマンエージェントインタラクション）

HAI《エイチエーアイ》とはどんな研究なの!?

HAI《エイチエーアイ》（ヒューマンエージェントインタラクション）とは、人間（= ヒューマン）と、エージェント（擬人化《ぎじんか》エージェント・ロボット・人間）の間のインタラクション（おたがいに情報《じょうほう》などをやりとりすること）について研究するという、新しい研究分野です。エージェントというのは、“ 人間のように、何かをしてくれるモノ ” のことです。いろいろなモノが、エージェントになり得ます。たとえば、人間のように計算をしてくれるコンピューターもエージェントです。人間のように掃除《そうじ》をしてくれる「お掃除ロボット」もエージェントです。そして、場合によっては人間自身もエージェントになり得ます。「擬人化エージェント」とは、まるで人間のように感じられ、人間として扱《あつか》ってしまうようなエージェントです。そして、“ 情報のやりとり ” とは、コミュニケーションのことです。つまり、HAI とは、人間と人間、もふくめて、人間とロボットや、人間とコンピューターなど、すべてのエージェントとの情報のやりとり（=コミュニケーション）のことについて研究しているのです。

AI《エーアイ》の進化によって、ロボットがどんどん進化していった時に、人間と、エージェントとしてのロボットの間で行われるコミュニケーションを、どのように設計《せっけい》していくのが良いかということも研究しています。研究の対象《たいしょう》となるコミュニケーションは、言葉によるコミュニケーションだけではありません。エージェントの外見（見た目）や、音声、しぐさなどもふくみます。わたしたちの実際《じっさい》のコミュニケーションも、言葉だけで行われているわけではなく、相手の怒《おこ》っている表情を見れば、言葉を交《か》わさなくても “ この人は怒っているんだ ” ということを情報として受け取ることができます。

このような情報のやりとり、コミュニケーションを、どのように設計すれば、人間とロボットなどのエージェントが、人間同士のコミュニケーションのように、スムーズになるのかを研究することも HAI の取《と》り扱《あつか》う大事なテーマのひとつなのです。

人間と“何か”のインタラクション研究はずっと前からある

人間と “ 何か ” のインタラクションを研究する動きは、比較的《ひかくてき》昔からありました。たとえば、HCI《エイチシーアイ》といえば、ヒューマン “ コンピューター ” インタラクションのことで、人間とコンピューターの関係性を研究して、人間がより効率的にコンピューターを使えるようにするにはどうすれば良いかを研究しています。

また、HRI《エイチアールアイ》といえば、ヒューマン“ロボット”インタラクションのことで、人間がロボットをより効率的に使うためには、どのようなインタラクションを設計《せっけい》すれば良いかを研究することです。

このように、人間と“何か”のインタラクションの研究は、長く行われていました。そして、新しく登場してきたのが、ヒューマン“エージェント”インタラクションなのです。“何か”の部分をコンピューターやロボットに限定《げんてい》するのではなく、人間自身やロボット、さらには擬《ぎ》人化《じんか》エージェントなどにまで広げて考えようという研究なのです。

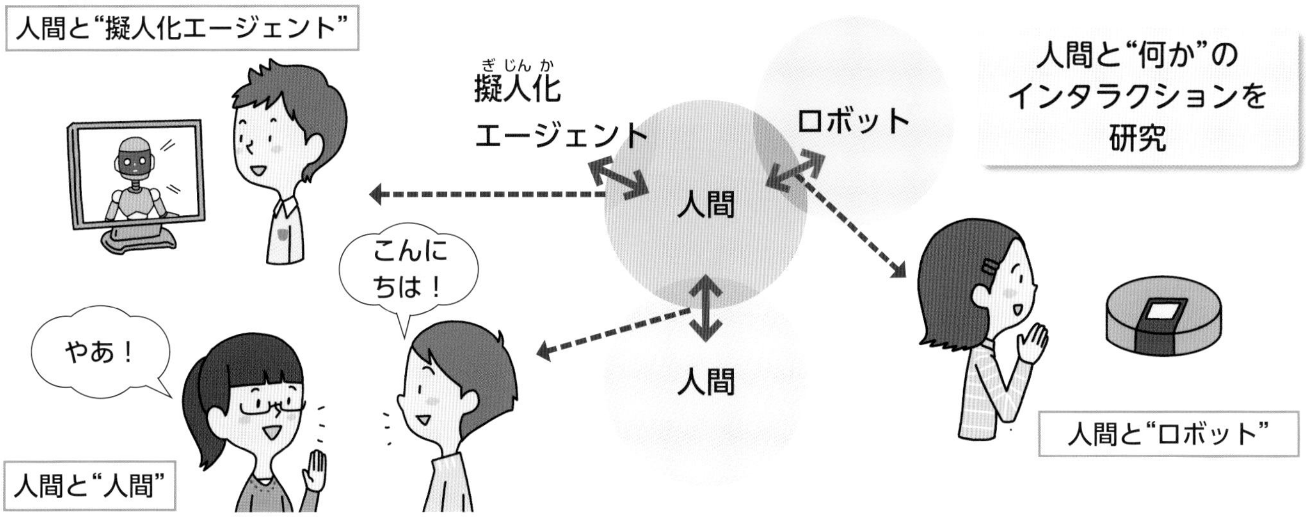

チャットボットという擬人化《ぎじんか》エージェントの登場

最近、インターネット上では、チャットボットという仕組みを利用して、ホームページに訪《おとず》れたユーザーと会話しながら、ユーザーを手助けすることができるようになっています。チャットとは、インターネットを使ったおしゃべりシステムのことで、パソコンを使って文字を入力することで、相手と会話ができるシステムです。チャットボットというのは、このチャットシステムを使って、AI《エーアイ》を搭載《とうさい》したロボットとユーザーが、あたかも人間同士のようにチャットを使って会話できる仕組みのことです。

通信販売《はんばい》を行っているホームページなどに、このチャットボットをおいて、ユーザーがそのホームページを訪問《ほうもん》すると、チャットボットが「どんな商品をお探《さが》しですか？」と質問《しつもん》をしてくれます。これに対して、ユーザーが「T《ティー》シャツを探しています」と入力すると、「こんなTシャツはどうですか」と商品を紹介《しょうかい》してくれたりします。

以前のチャットボットは、単に文字入力のためのスペースが用意されているだけのものが多

コラム

かったのですが、最近ではイラストやコンピューターグラフィクスを使ってキャラクターを設定《せってい》するようになっています。そのキャラクターに名前をつけて、「アシスタントの ×× です。どんな商品をお探しですか？」と会話することで、ユーザーはより親しみを感じることができ、実際《じっさい》のお店で店員と会話しているような感覚でインターネット上の買い物ができるように工夫《くふう》されているのです。

AI《エーアイ》のチャットボットに、あたかも人間の店員であるかのように姿《すがた》・形をあたえ、店員のような話し言葉で会話させることで、ユーザーに親しみをあたえ、買い物を楽しめるようにしているのです。これが擬人化《ぎじんか》エージェントのひとつの例といえます。

AI のチャットボットを人間のように見せている（擬人化）のです。

エージェントの姿《すがた》・形が、インタラクションに影響《えいきょう》をあたえることもある

HAI《エイチエーアイ》のある実験では、犬をキャラクター化したエージェントや、ロボットをキャラクターにしたエージェント、さらには人間をキャラクター化したエージェントなど、いろいろなエージェントを用意して、どのエージェントに知性《ちせい》や親しみを感じるかということを聞いたところ、知性と親しみやすさの両方が高得点だったのは人間の形をしたエージェントでした。

このことから、エージェントがどんな姿《すがた》をしているのかによって、人間が感じる親しみやすさや、知性があるかどうかの感じ方が異《こと》なることがわかりました。

人間と人間のコミュニケーションを深く研究することで、人間以外の“何か”とのコミュニケーションをスムーズにするための研究

人間とエージェントとのインタラクションを研究する上では、そもそも人間と人間のインタラクション、つまりコミュニケーションのあり方をきちんと理解《りかい》することが欠かせません。

人間同士のコミュニケーションがスムーズに行われるのはなぜか、を明確《めいかく》にすることができれば、それを応用《おうよう》して、ロボットや擬人化《ぎじんか》エージェントとのインタラクションのあり方を設計《せっけい》することができます。そうすることで、より人間が使いやすいロボットや擬人化エージェントの開発につながるのです。

第2章

A《エー》I《アイ》の進化が もたらすもの

1 AI《エー アイ》の進化と人間の働き方

AI《エー アイ》が進化すると、人間の仕事がなくなる!?

AI《エーアイ》を実用的に利用する動きが活発になっている現在《げんざい》、AIをどんなことに活用できるのか、それによって、人間の仕事にどのような影響《えいきょう》が起こるのか、ということの研究も進んでいます。

イギリス・オックスフォード大学で、AIなどの研究をしているマイケル・オズボーン准教授《じゅんきょうじゅ》は、2013年に発表した『雇用《こよう》の未来』という論文の中で、「コンピューターの技術《ぎじゅつ》が進化していくことによって、いままで人間にしかできないと思われていた仕事が、ロボットなどの機械でもできるようになり、今後10年～20年の間には、（アメリカで働いている人の）約47%の仕事が、AIなどによって自動化される可能性《かのうせい》がある」という研究結果を示《しめ》しました。

さらに、オズボーン准教授は、日本の研究機関とも共同で同じように研究を行い、2015年には、その研究結果が発表されました。

そこでは、「日本の労働人口の約49%が、技術的には人工知能《ちのう》やロボットなど」に置《お》きかえることが可能だとされました。

どちらについても、約2人に1人ぐらいの割合《わりあい》で、AIやロボットなどに仕事をさせることが可能になるということです。

こうした研究発表が世界中でニュースになったことで、“AIやロボットが進化すると、人間の仕事がなくなってしまう”と心配に思う人が増《ふ》えるようになりました。

AI《エーアイ》やロボットなどにかわられる可能性《かのうせい》が高い職業《しょくぎょう》の例

- 一般事務員《いっぱんじむいん》
- タクシー運転者
- 受付係
- ビル清掃員《せいそういん》
- 出荷《しゅっか》・発送係員
- 自動車組立工
- 銀行窓口係《まどぐちがかり》
- ホテル客室係
- 経理事務員
- レジ係

確《たし》かに、AI やロボットを活用することで、より正確《せいかく》に、安全に、効率《こうりつ》よく進められる作業があることは事実です。

すでに、組立ロボットなどを導入《どうにゅう》して、あまり人の手に頼《たよ》らずに、モノ作りができる工場はあります。自動車の組立工場などはかなり機械化が進んでいます。

まだまだ本格的《ほんかくてき》な実用化はされていませんが、もし自動運転車が実用化されれば、バスやタクシーを運転することは、自動車まかせにできるようになるかもしれません。

しかし、完全な自動運転車の開発はかなり難《むずか》しいことですし、機械化が進んだ工場であっても、機械を動かしたり、管理したり、何か問題が発生した時に、それに対応《たいおう》できる人間の存在《そんざい》は欠かせません。

お店のレジ作業などについても、機械に代わってもらうことはできるでしょう。しかし、店員の仕事はレジ作業だけではなく、商品をならべたり、客を案内するなどいろいろあります。これら全部が機械でできるようになるには、まだまだ時間がかかるでしょう。

つまり、AI やロボット技術が進歩することで、人間が行う必要のない作業や仕事が今後増えていくだろうことは間違《まちが》いありませんが、完全に AI まかせ、機械まかせにできるようには、なかなかならないでしょう。

技術《ぎじゅつ》の進歩と、働き方の変化

“ある作業”を AI《エーアイ》が代わりにやれるようにはなるけれど、それによって「人間の仕事がなくなる」ということはないとお話ししました。このように、新しい技術《ぎじゅつ》の進歩などが起きた時に、その進歩した技術によって、人間の仕事が奪《うば》われることを心配する人々が現《あらわ》れるようになるのは、現在《げんざい》の AI ブームに限《かぎ》ったことではありません。

今から約 250 年も昔の、1760 年代から 1830 年代にかけて、イギリスで産業革命《かくめい》といわれる産業技術の大変革がありました。こ

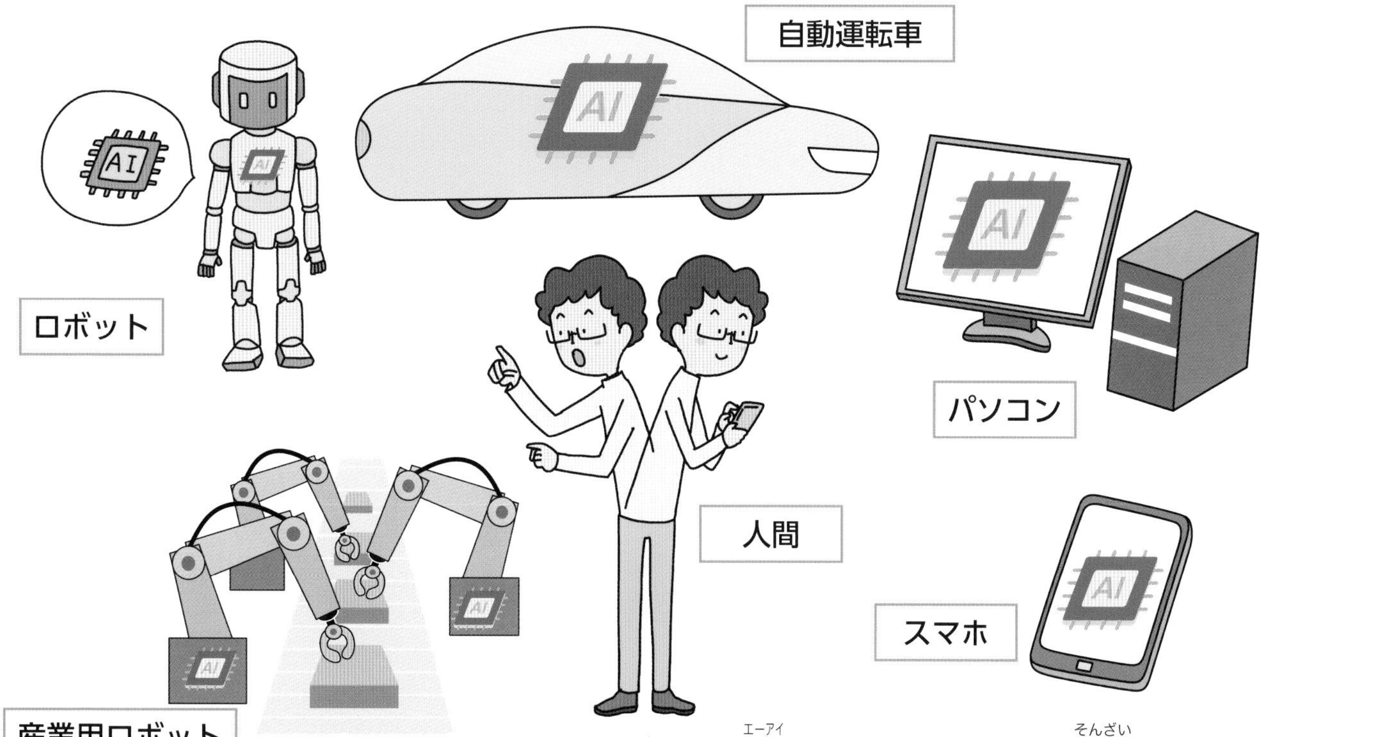

どんなにAI《エーアイ》が進歩しても、人間の存在《そんざい》は欠かせない

の産業革命によって機械化が進み、それまで手作業で仕事をしていた手工業者や労働者が、「自分たちの仕事がなくなる」と心配して、機械を壊《こわ》すという運動(「ラッダイト運動」と呼《よ》ばれます）を起こしたほどでした。

しかし、この時も、一部の単純《たんじゅん》作業はなくなりましたが、代わりに、それらの機械を使うという新しい仕事が生まれたりもしました。そのため、多くの人が失業してしまうような事態《じたい》は起こらず、むしろ社会は良い方向に向かっていったといわれています。

さまざまな技術が進歩することによって、それまで人間が手を動かしてやっていた作業の中には、機械などに置きかえることが可能《かのう》となります。

しかし同時に、新しい仕事が必要になったり、あいかわらず人間にしかできない、あるいはAIやロボットにやってもらうよりも、人間がやったほうがむしろ効率《こうりつ》がよい仕事というものは残り続けます。

現在の第３次AIブームによって、AIがいろいろな仕事をやれるようになることは事実です。しかし、それによって、人間が仕事を奪われるのではなく、ある部分では、人間の働き方そのものが変わっていくことになるでしょう。

つまり、AIと人間は、それぞれが得意なことに専念《せんねん》することで、社会全体をより豊《ゆた》かにすることが可能になるということです。

ただし、そうした社会で活躍《かつやく》できる人間になるためには、AIが不得意とする分野の能力を身に付け、そして磨《みが》いていくことが必要になるのです。

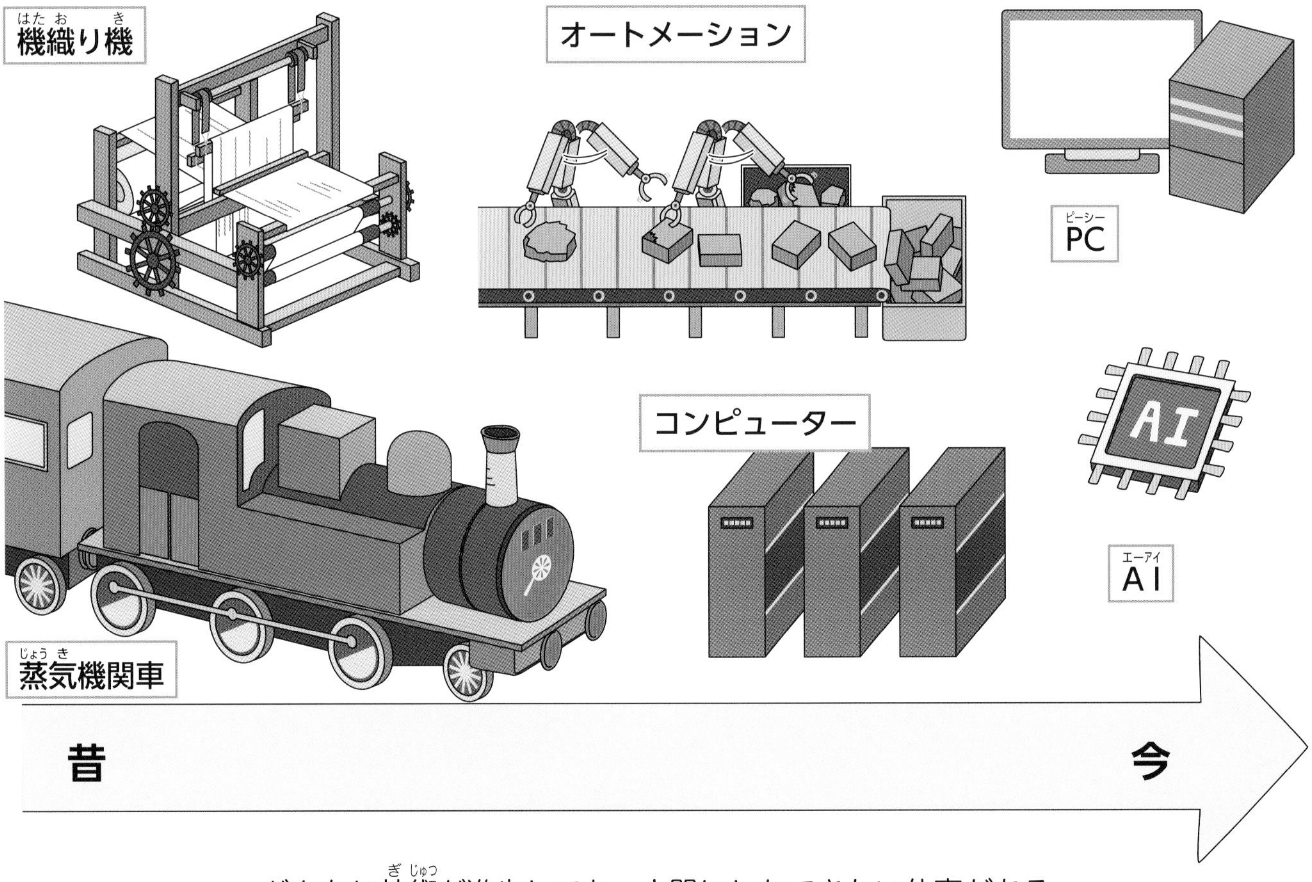

どんなに技術《ぎじゅつ》が進歩しても、人間にしかできない仕事がある

AI《エーアイ》と人間は、違《ちが》う役割《やくわり》で働くようになる

AI《エーアイ》やコンピューターは、大量の情報《じょうほう》を加工したり、ルールに基《もと》づいて計算したり、2つの画像《がぞう》データを比較《ひかく》して、人間では気づけないような小さな違《ちが》いを見つけたりすることはとても得意です。しかも、人間がやるよりも、とても高速に、そして正確《せいかく》に処理《しょり》してしまいます。

ですから、たとえば「計算が速い」という能力《のうりょく》は、ある仕事を担当《たんとう》する上では、あまり重要ではなくなるのです。会社には、「経理《けいり》」という仕事があります。主にお金の計算をします。ですから、計算の得意な人は、経理の仕事に向いていましたし、会社は積極的にそういう人に経理の仕事を任《まか》せていました。まだコンピューターが今ほど当たり前になっていなかった頃には、そろばんが得意な人は、経理の仕事を担当することが多かったようです。しかし、どの会社でも、経理の仕事にコンピューターを使うようになると、そろばんの能力はあまり必要とされなくなりました。それよりも、計算のためのコンピューターのソフトウェアを使うことが得意な人に経理の仕事をまかせるようになりました。

やがては、人間がコンピューターのソフトウェアを操作《そうさ》するのではなく、元となる情報をAIに入力するだけで、必要な計算を全部やってくれる“経理AI”が登場するでしょう。そうなると、計算のためのソフトウェアを操作する能力さえもいらなくなるかもしれません。

しかし、会社の仕事は計算だけで成り立っているわけではなく、計算によっては答えが出ない、あるいは計算のしようがない仕事もあります。

たとえば、人と人とのコミュニケーションが重要な仕事や、どこに問題があるのかを発見して、その解決策《かいけつさく》を考える仕事などは、いまのところ、人間にしかできない仕事です。

コンビニエンスストアで、お客の会計に対《たい》応《おう》するレジの仕事は機械でやれるでしょう。しかし、お店の中で、何かを探《さが》しているようすでウロウロしているお客に「何かお探しですか？」と声をかけて、助けてあげることは機械でも、AIでさえもできません。何か困《こま》っていそうな人に声をかけて、「ポテトチップがどこにあるかわからないのです」と答えが返ってくれば、“ポテトチップの場所がわからない”ことが問題で、それを解決するには、“ポテトチップの場所を教えてあげればよい”とわかりますので、“そこの棚《たな》にあります”と教えてあげることができます。

今のAIなら、「ポテトチップのおいてある場所はどこか」と投げかければ、「そこの棚にあります」と教えてくれるぐらいのことはできるでしょう。しかし、何かを探していそうなお客と、そうでないお客を区別して、声

をかけるということはなかなか難《むずか》しいことです。

このように、AIやコンピューターが得意なことはAI・コンピューターにやってもらい、AIやコンピューターが不得意なことは、人間がやる、というような役割《やくわり》分担が今後ますます大切になってくることでしょう。

AI《エーアイ》が活用される時代に、人間に求められる能力《のうりょく》

では、AI《エーアイ》に置きかえられることのない仕事、あるいはその仕事をするために必要な能《のう》力《りょく》とはどういうものなのか、考えてみましょう。

ひとつは、すでにお話した「コミュニケーション能力」が挙げられるでしょう。また、何が問題なのかを発見し、その解決《かいけつ》に必要なことをみつける「問題解決能力」も挙げられます。

さらに「創造力《そうぞうりょく》」もAIには置きかえられない能力だといえます。創造力とは新しい何かを生み出す能力のことです。いってみれば、0（ゼロ）から1を生み出すことが創造です。AIはコンピューターのプログラムであり、あらかじめ入力された情報《じょうほう》に基《もと》づいて、プログラムが求める答えを出力することはできます。しかし、何もない0（ゼロ）の状態《じょうたい》から、1を出力することはできないのです。

創造的《そうぞうてき》な仕事は、本当に人間にしかできない!?

ただ一方で、「人間だって、何もないところ（0）から、何かのアイディア（1）を創《そう》造《ぞう》するのではなく、すでにあるものの新しい組み合わせが、アイディアだ」とする考え方もあります。そこで、この前提《ぜんてい》に立つのならば、むしろ創造的な仕事はAI《エーアイ》が得意とするところになるかもしれません。

実は、創造的なことをAIにやらせようという取り組みは、すでに数多く見られます。たとえば、ある文学賞では、AIによる小説創作を手がける研究者が、実際《じっさい》にAIが創作した小説で応募《おうぼ》し、1次審査《しんさ》を通過《つうか》した作品があったと報告《ほうこく》されています。

また、AIを活用した作詞《さくし》・作曲などの音楽の創作、絵画の創作、俳句《はいく》の創作なども行われています。

AIがこれらを創作する上で元となるのは、これまでに人間が作った音楽や絵画や俳句など、膨大《ぼうだい》な過去《かこ》の作品データです。名曲・名画などといわれる作品を入力して、それらの特徴《とくちょう》を機械学習などの方法で分析《ぶんせき》し、名曲・名画などの特徴を組み合わせて、新しい作品を生み出しているのです。

しかし、AIは、創造的な作業はできたとしても、出来上がった作品を評価《ひょうか》することができません。その作品の良い・悪いを判断《はんだん》できるのは人間だけなのです。

今後も、AIに創造的な作業をまかせられるような研究は進められるでしょう。人間とAIが、創造的な仕事を競《きそ》い合《あ》うようなことが現実《げんじつ》になるかしもれません。しかし、作り上げた作品を評価し、その評価に基《もと》づいて、より良い作品を作り上げる作業を行うことができるのは、人間だけです。ひとくちに創造的な仕事といっても、やはりAIが行える創造的な仕事と、人間だけが行える創造的な仕事は違《ちが》うものなのです。

人間は、人間としての創造力を高める努力を続けるべきでしょう。

AI が得意なこと

人間が得意なこと

正確《せいかく》に同じものを大量に作る

ひとつひとつ手作りする

すばやく正確に計算する

新しいものを生み出す

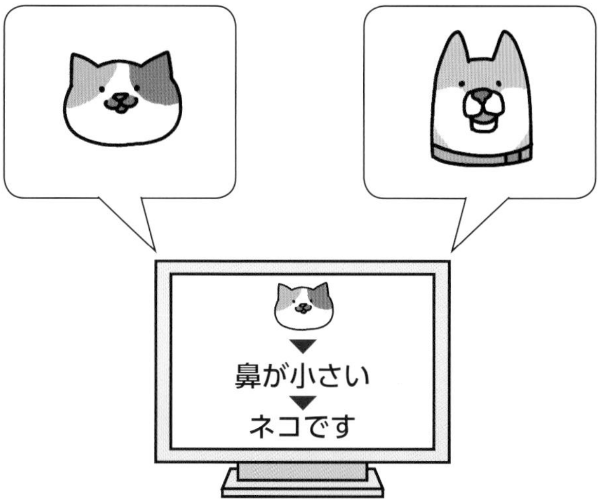

細かく分析《ぶんせき》して、違《ちが》いを発見する

相手の気持ちを理解《りかい》する

2 シンギュラリティを考える

シンギュラリティって何?

シンギュラリティ（singularity）とは、「特異点《とくいてん》」という意味の英語です。特異点というのは、ある物事が、一般的《いっぱんてき》な考え方やルールが通用しなくなる点のことです。

たとえば、宇宙《うちゅう》にあるブラックホールでは、物質《ぶっしつ》がブラックホールの中心に近づくにつれて、物質の密度《みつど》が無限大《むげんだい》になっていくと考えられています。わたしたちが知っている重力などの物理法則《ほうそく》では、物質の密度が無限大になってしまうことなどは想定していないことで、そこではどんなことが起きるのかまったくわからなくなってしまうのです。つまり、ブラックホールはわたしたちが知っている重力などの物理学の法則がまったく通用しない特異点（シンギュラリティ）だと考えられているのです。

この特異点という考え方を、AI《エーアイ》にあてはめてみた時に、やがては「AI自体が、より高性能《こうせいのう》なAIを自ら作り出し、その高性能なAIは人間の知能をはるかに上回り、やがては人間に代わって、文化や文明を発達させていく時点」がやってくるに違《ちが》いない、と考える人が現《あらわ》れました。これが「AIのシンギュラリティ」という考え方です。

もともとシンギュラリティは特異点を意味する言葉で、例にあげたように物理法則などにも使われる言葉ですが、最近では世界的にAIが注目されていることもあり、シンギュラリティといえば、「AIのシンギュラリティ」を指すようになってきています。

カーツワイルが考えるシンギュラリティのイメージ

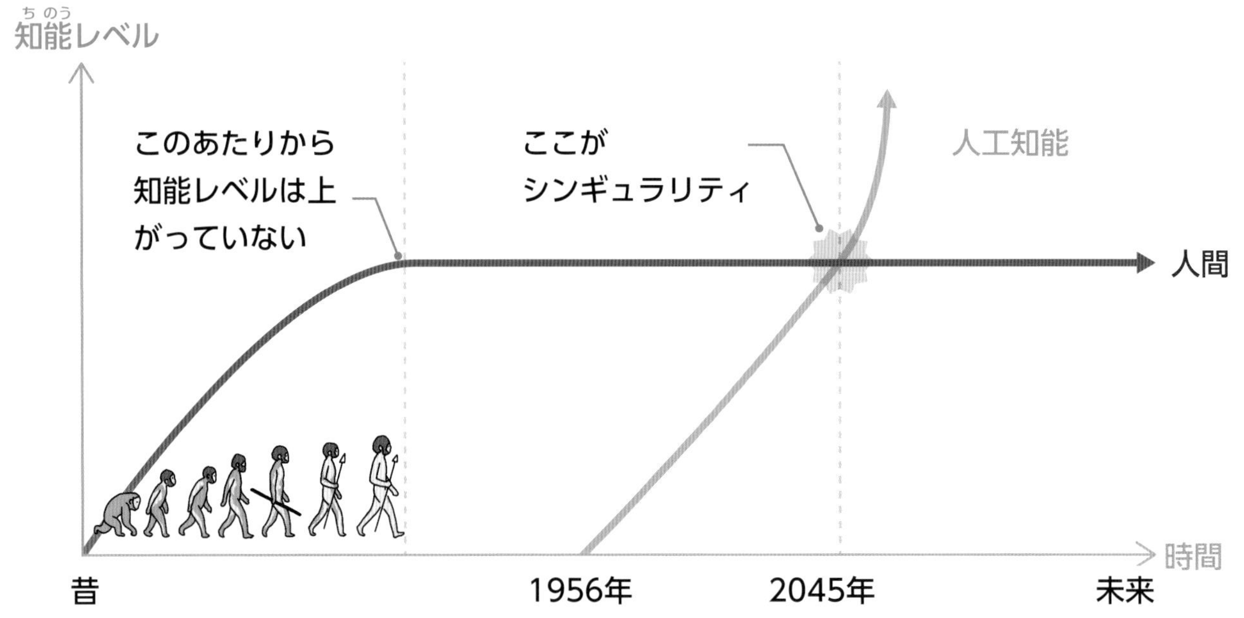

2005年の予言

「やがては、AI《エーアイ》自身が、より高性能《こうせいのう》なAIを自ら作り出すようになる」と唱《とな》えたのは、アメリカのレイ・カーツワイルという未来学者です。

レイ・カーツワイルは、発明家でもある有名な未来学者です。そして、いろいろな科学技術《ぎじゅつ》が進化することで、未来にどんなことが起こるのかについてもさまざまな未来予測《よそく》をし、的中させているのです。

たとえば、「2015年頃《ごろ》には、家庭用のロボットが家の中を掃除《そうじ》しているだろう」と予測しましたが、その予測通り、今日では家庭用お掃除ロボットが多くの家庭で使われるようになっています。

こうした未来予測は、2005年にレイ・カーツワイルが発表した「シンギュラリティは近い（The Singularity Is Near)」という書籍《しょせき》の中に書かれています。

そして、その本で取り上げられたのが「(AIの) シンギュラリティ」です。レイ・カーツワイルは、「2045年にシンギュラリティが訪《おとず》れる」と未来予測したのです。

これにより、世界中でシンギュラリティが注目されるようになりました。

カーツワイルの未来予測《よそく》の数々

2010年代	コンピューターは小さくなり、ますます日常《にちじょう》生活に統合《とうごう》される。実現
	インターネット接続《せつぞく》が、より高速になり、ほとんどどこでも利用できるようになる。実現
2015年	家庭用ロボットが家を掃除《そうじ》しているようになる。実現
2020年代	サイズが100ナノメートル未満のとても小さいコンピューターが完成する。
	実用的なナノマシンが、医療《いりょう》目的で活用される。
2045年	シンギュラリティが起こり、AI《エーアイ》が地球上でもっとも高い知能《ちのう》をもつようになり、人間を上回るようになる。

技術《ぎじゅつ》の進化はどんどんスピードアップする

レイ・カーツワイルが、「2045年にシンギュラリティが訪《おとず》れる」と考えるようになったのには、人間の脳《のう》に関する研究がとても速いスピードで進んでいることや、コンピューターの性能《せいのう》がとても速いスピードで高度になっていることなどが背景《はいけい》にあるといいます。

レイ・カーツワイルは、科学や技術《ぎじゅつ》の進化は、直線的に進むのではなく、どんどん加速しながら進むと考えていました。

たとえば、1年で10センチ成長する樹木は、2年目には20センチになり、3年目には30センチになります。1年ごとに10センチずつ成長し、10年目には100センチになります。これが「直線的」ということです。

しかし、成長速度が加速するということは、1年目に10センチ成長する樹木は、2年目には倍の20センチ成長して30センチとなり、3年目にはさらに倍の40センチ成長して70センチとなり、4年目にはさらに倍の80センチ成長して、150センチになるというのです。

科学の進歩や、技術の進化のスピードも、この例のように、どんどんスピードが速まっていくというのです。

このようなどんどんスピードが速まって化学や技術が進化し続けていくことによって、2045年には、AI自身が、より高性能なAIを生み出せるようになると考えたのです。

直線的成長

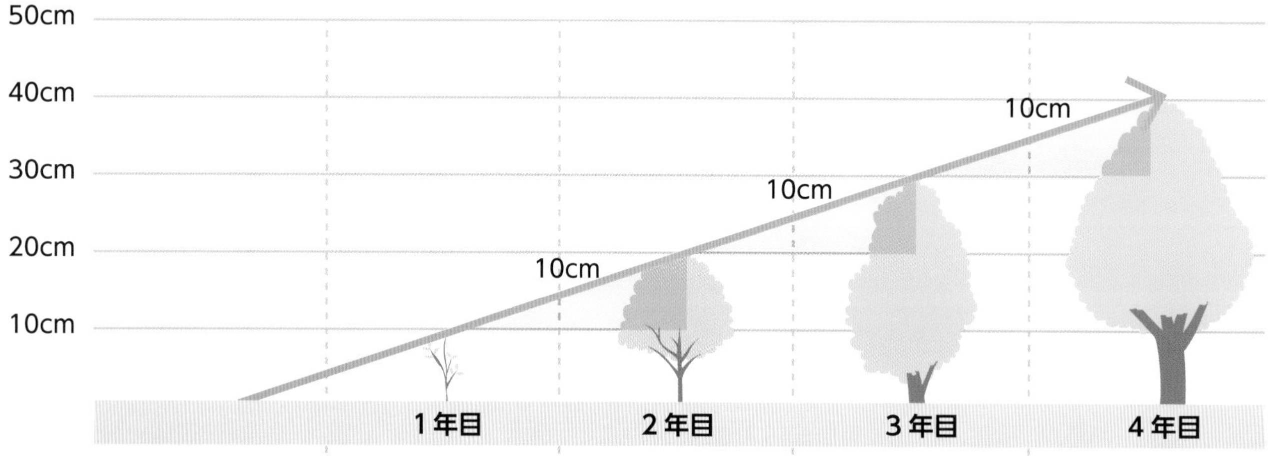

加速度的成長

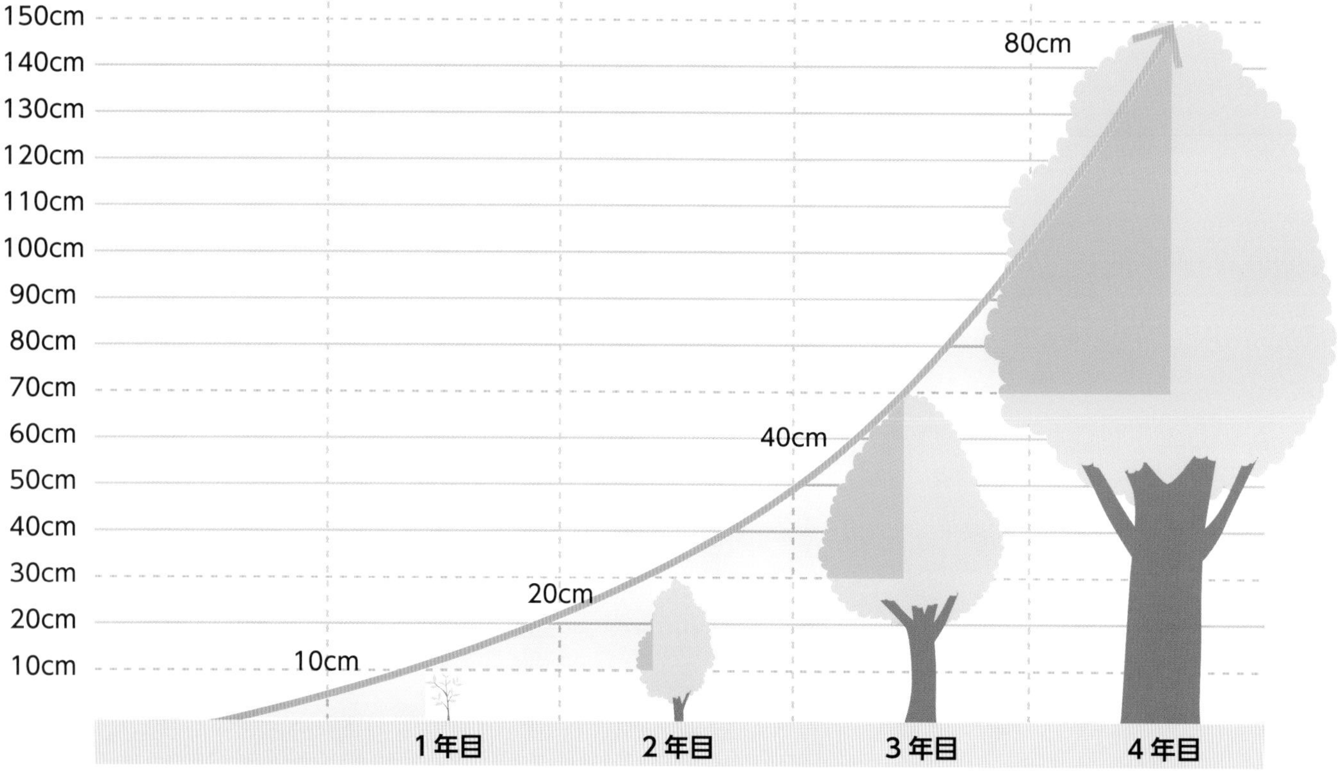

コンピューターの性能《せいのう》は加速度的に進化しているが…

科学や技術《ぎじゅつ》の進化は、確《たし》かにスピードを速めながら進んでいるといえます。コンピューターが登場した頃《ころ》には、教室１つ分ほどの大きさだったコンピューターが、今日では同じくらいの性能《せいのう》を持ちながら、手のひらにのるくらい小型化しています。

昔は、コンピューターに何かの仕事をさせるためには、たくさんの情報《じょうほう》を人間が入力しなければならず、そのためにたくさんの時間をかけて入力作業をしていましたが、今日ではインターネットにつなぐだけで、あっという間にたくさんの情報を入力できるようになっています。

このような科学や技術の進化を見ると、今現在《げんざい》はありえないようなこと、あるいはありえるとしても100年ぐらいかかるのではないかと思えるようなことが、ほんの数年でできるようになる可能性《かのうせい》はあります。

しかし、果たして「AI《エーアイ》自身が、より高性能なAIを作り出す」ような未来は、本当に起こるのでしょうか。

AI《エーアイ》はコンピュータープログラムであるという現実

AI《エーアイ》は、あくまでもコンピューターのプログラムです。プログラムとは、「Aという入力情報《じょうほう》があったら、Bという出力をしなさい」というルールを人間が決めて、そのルールをコンピューターに実行させるというものです。

たとえば、円周率を2000桁まで計算をさせるのに、昔のコンピューターは70時間かかっていたのに、現在《げんざい》のコンピューターなら１分もかからずに計算してしまう、という進化はスピードを速めながら、どんどん進むでしょう。

しかし、足し算というプログラムしかもっていないコンピューターが、ある日突然《とつぜん》、かけ算やわり算ができるようになる、ということはありえないのです。

コンピューターにかけ算やわり算をさせるためには、やはりかけ算やわり算のルールをプログラムとしてコンピューターに覚えさせなければならないのです。

コンピューターの性能《せいのう》が進化しても、シンギュラリティは起こらない

最近のスマートフォンは、話しかけると答えてくれるようになっています。まるで、人間どうしが会話するような自然さで、スマートフォンと会話ができます。「近くに、おいしいラーメン屋さんがあるか」と問えば、インターネットを使って情報《じょうほう》を集め、「×× というラーメン屋さんはどうですか」と答えてくれます。冗談《じょうだん》で「結婚《けっこん》して！」と話しかけると、たとえば「友だちのままでいましょう」と冗談で答えてくれます。とても人間らしい振《ふ》る舞《ま》いをします。そこにはAI《エーアイ》が活用されています。

このようにAIと会話をしていると、とても人間らしく感じられます。しかし、どんなに人間らしい振る舞いに思えても、こうした受け答えは、あらかじめ組みこまれたプログラムが実行されているに過《す》ぎません。

今日、わたしたちが使っているスマートフォンは、コンピューターそのものです。携《けい》帯《たい》電話が日本で広まったのは、1990年代半ばです。その頃《ころ》は、手の中にあるスマートフォンと会話ができることなど誰《だれ》も想像《そうぞう》しなかったことでしょう。しかし今日、携帯電話はスマートフォンとなり、ただの電話機ではなく、とても高性能《こうせいのう》なコンピューターとなりました。

これからも、コンピューターの性能は確実《かくじつ》に進化していくことでしょう。計算スピードはより速くなるでしょうし、コンピューターの形も、将来的《しょうらいてき》には今よりももっと小型するでしょう。スマートフォンの大きさでもすごいことですが、今後はもっと小さくて、もっと高性能なコンピューターが登場してくることでしょう。たとえば、腕《うで》時計型のコンピューター、メガネ型のコンピューターなど。ウェアラブルコンピューターと呼《よ》ばれるこれらはすでに開発されています。

しかし、コンピューターの性能が大きく進化したとしても、それを動かしているのが、人間が組みこんだプログラムである以上、人間の知能のように振る舞うことはできても、人間の知能を超えることは、それほど現実的《げんじつてき》だとはいえないでしょう。

少なくとも、どんなにコンピューターの性能が進化しても、それによってシンギュラリティが起こることはないと考えるべきでしょう。

第3章

A《エー》I《アイ》のある未来

1 家庭やオフィスでのAI《エー アイ》の未来

スマートホームで活躍《かつやく》するAI《エーアイ》たち

■スマートホームって、なに？

スマートホームとは、IoT《アイオーティー》（もののインターネット）やAI《エーアイ》を活用して、便利で快適《かいてき》で安全な暮《く》らしのための仕組みを備《そな》えた家のことです。

たとえば、AIを使った顔認証《かおにんしょう》システムを応用《おうよう》することで、家族が帰宅《きたく》すると自動的にドアの鍵《かぎ》を開けてくれたり、照明のスイッチを操作《そうさ》しなくても、スマートスピーカー（→ P.8 参照）に向かって「照明をつけて」と呼《よ》びかけるだけで、自動で照明がついたりします。

その他、テレビやエアコン、冷蔵庫や電子レンジなど、さまざまな家電製品をインターネットでつなぎ、必要な情報を必要なタイミングで家族に伝達したり、外出中の家族がスマートフォンなどを使って、こうした家電製品を操作したりすることもできるようになります。

■スマートホームで家の中が便利になる

現在《げんざい》のスマートスピーカーは、専用《せんよう》のスピーカーを購入《こうにゅう》して、家庭内のインターネット回線に接続《せつぞく》すると、インターネット回線を通じてつながっているいろいろな家電を操作《そうさ》できます。

しかし、やがては、スマートスピーカーを購入して接続しなくても、はじめから家全体に、その機能《きのう》が組みこまれるようになるでしょう。壁《かべ》や天井《てんじょう》にスマートスピーカーが埋《う》めこまれていて、家の中のどこにいても、いろいろな家電などを操作できるようになります。

夜寝《ね》る前、ベッドにもぐりこんで「明日は7時に起こして」というだけで、スマートスピーカーが7時に起こしてくれます。目覚まし時計をセットする必要はありません。

朝起きたら、「カーテンを開けて」というだけで、自動でカーテンが開けられます。洗《せん》面所《めんじょ》で顔を洗《あら》えば、鏡に組みこまれたセンサーが顔色や体温を測《はか》ってくれて、「今日も健康ですね」と健康状態《じょうたい》を教えてくれることでしょう。

リビングへ行くと、その日の気温などに基《もと》づいて、AI《エーアイ》が最適《さいてき》な室温を設定し、エアコンがすでに動いています。冬の寒い朝でも、暖房《だんぼう》で部屋が暖《あたた》まるまで寒い思いをしなくてすみます。

身じたくを整えて家を出ると、自動的にセキュリティシステムが作動して、玄関《げんかん》ドアや窓《まど》などに鍵《かぎ》をかけ、もしテレビなどをつけっぱなしにしていても、AIが電源《でんげん》をオフにしてくれます。そして、人がいなくなった部屋の中では、お掃除《そうじ》ロボットが掃除を始めます。

家に帰る時には、スマートフォンを使って、家のAIに帰り時間を伝えておけば、帰る時間に合わせて、エアコンで室温を最適にしてくれ、風呂《ふろ》も沸《わ》いています。

帰る時間を伝える時に、晩御飯に何を食べたいかを伝えると、AI が買い置きの食材を調べて、「足りない食材があります。×× と○○を買ってきてください」と教えてくれます。

■スマートホームは、すでに一部が実現《じつげん》している

こうした技術《ぎじゅつ》は、すでに部分的には実用化されています。スマートスピーカーなどは実《じっ》際《さい》に使っている人もいることでしょう。スマートフォンを使って、外出先から風呂《ふろ》を沸《わ》かすということもすでに可能《かのう》になっています。

スマートホームは、今後さらに機能《きのう》を進化させることでしょう。そして、わたしたちの暮らしは、いまよりももっと便利で快適《かいてき》なものになっていくことでしょう。

家の中でも、外でも、家電などを操作《そうさ》できる

仕事で活躍《かつやく》するAI《エーアイ》たち

■人間とAI《エーアイ》が一緒《いっしょ》に働くオフィス

そう遠くない将来《しょうらい》には、仕事をする時に、AI《エーアイ》がいろいろなことを手伝ってくれるようになります。

一人にひとつ、専用《せんよう》のAIが用意されていて、朝、オフィスにいってパソコンの電源《でんげん》を入れると、AIが今日一日のやるべきことや、予定などを教えてくれます。何かを調べる仕事や、計算などが必要な仕事は、「これをやっておいて」とAIに指示《しじ》するだけで、すべてAIがやってくれます。

AIが得意な仕事はAIにまかせ、人間は人間にしかできないことや、AIでもできるけれど人間がやったほうがより良い結果を出せることなどを仕事としてやるという役割分担《やくわりぶんたん》が進んでいくことでしょう。

たとえば、新しい商品を開発するような仕事では、これまでのヒット商品について、どんな特徴《とくちょう》があるのかをAIが学習して、「こんな商品を開発してはどうですか」と、たくさんのアイディアを提案《ていあん》してくれます。

人間は、AIが提案してくれたたくさんのアイディアの中から、自分の経験《けいけん》や感性《かんせい》に基《もと》づいて、「これなら売れそうだ」というものを選び出す、ということも可能《かのう》になるでしょう。

危険《きけん》が伴《ともな》う仕事や面倒《めんどう》な仕事はAI《エーアイ》ロボットにおまかせ

工事現場《げんば》や、工場などでは、危険《きけん》を伴《ともな》う仕事がいろいろとありますが、そうした仕事は、人間のかわりにAI《エーアイ》を搭載《とうさい》したロボットがやるようになります。

また、製品《せいひん》を作る際《さい》にも、これまではオートメーションという方法で、同じものを大量に作ることが前提《ぜんてい》で、特定のお客のために、特別な製品を作ることは、とても大変でした。

しかし、AIが進化すると、いくつもの作業を機械が分担《ぶんたん》する流れ作業ではなく、1台のAIロボットがすべての作業をやってしまうこともできるかもしれません。

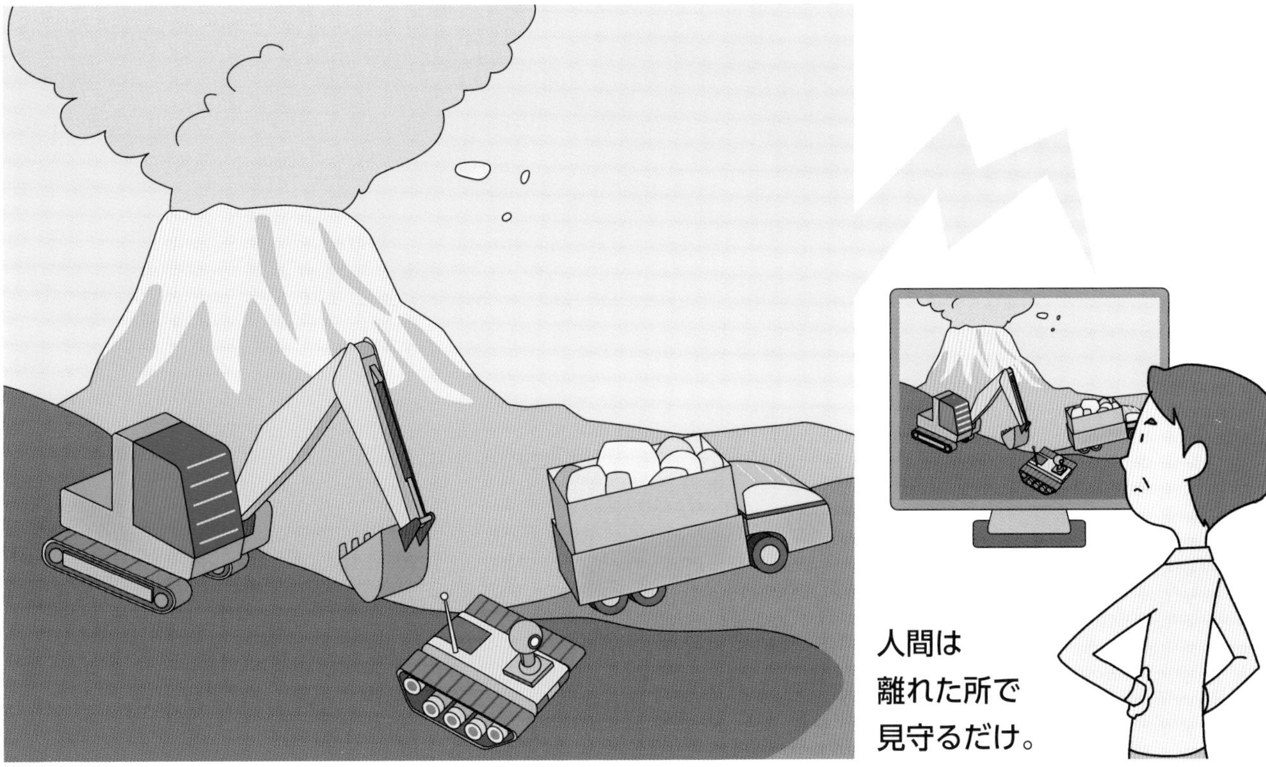

連続する作業（左）も、
個別《こべつ》の作業（右）もAIまかせ。

2 街や施設《しせつ》などでのAI《エーアイ》の未来

街中で活躍《かつやく》するAI《エーアイ》たち

■自動運転車

人間がまったく運転操作《そうさ》をしなくても、安全に走れる自動運転車が実現《じつげん》しつつあります。

車内にはハンドルやブレーキなどの操縦装置《そうじゅうそうち》がなく、自動車に搭載《とうさい》されたAI《エーアイ》に向かって「××へ行って」と話しかければ、道順を自動検索《けんさく》して、目的地まで走ってくれるようになるのも、“夢みたいな話”ではありません。

まずは、走るべき道筋《みちすじ》が決まっている路線バスなどで実用化が進むといわれています。

■ドローンによる宅配便《たくはいびん》

荷物を運ぶ宅配便《たくはいびん》などには、ドローンを活用する実験がすでに始まっています。いずれは各家庭への荷物は無人のドローンが運ぶようになるでしょう。

ドローン　宅配便はドローンにおまかせ

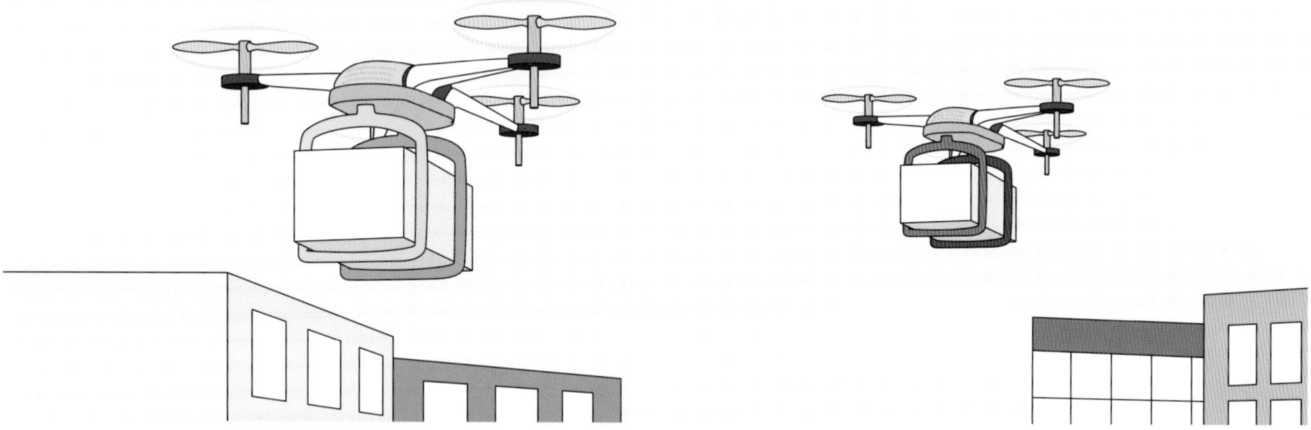

自動運転車　カメラや赤外線センサーを使って、自動運転車が実現《じつげん》

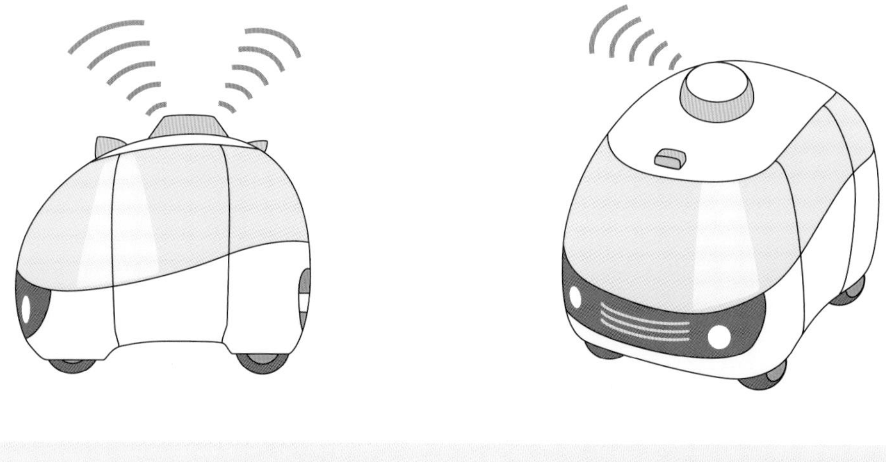

■レジのないコンビニエンスストア

近い将来《しょうらい》には、レジのないコンビニエンスストアが実現《じつげん》することでしょう。

お客が、スマートフォンを使って店内に入ると、どこのだれが入店したのかがわかります。そのお客が店内で商品を自分のかばんなどに入れると、店内に設置《せっち》されたたくさんのカメラや、いろいろなセンサーを使って、だれがどの商品を自分のかばんに入れたかを正《せい》確《かく》にとらえ、お店を出た瞬間《しゅんかん》に、買ったものの合計金額《きんがく》を計算し、そのお客が登録しているクレジットカードなどを通して、自動的に支《し》払《はら》いがすんでしまいます。

もし、買いたい商品がどこにあるのかわからない場合には、「×× はどこにありますか」といえば、店内に設置されたスマートスピーカーが反応《はんのう》して、「その商品は○○の棚《たな》にあります」と AI《エーアイ》 が教えてくれるようになるでしょう。

今はまだできませんが、将来さらに技《ぎ》術《じゅつ》が進化すれば、人間の店員にかわって、ロボット店員が店内にいて、そのロボットに話しかければ、目的の商品がある場所まで、そのロボット店員が案内してくれる、ということが実現しているかもしれません。

やがては、コンビニエンスストアだけでなく、デパートやスーパーマーケットなどの大きな店舗《てんぽ》でも、無人の店舗が登場してくることでしょう。

今はまだできないが、未来には人間の店員がいない無人店舗《むじんてんぽ》ができるかもしれない

病院や農場、牧場などで活躍《かつやく》するAI《エーアイ》たち

■AI《エーアイ》が病気を診断《しんだん》する

病院では、人間の医師《いし》ではなく、AI《エーアイ》が診《しん》断《だん》をするようになるでしょう。病院へ行って診察室《しんさつしつ》に入ると、そこに設置《せっち》されたコンピューターがいろいろな質問《しつもん》をして、その答えによって、どんな病気なのかを診断し、診断結果に合わせてクスリを決めてくれたり、レントゲン写真などを使って、どこに病気の原因《げんいん》があるのかを特定したりします。病状《びょうじょう》に応じて、どんな治療《ちりょう》が必要なのかをAI が判《はん》断《だん》したりすることも可能《かのう》になります。

■最小限《さいしょうげん》の農薬で作物を育てる

現在《げんざい》では、農作物を作るために農薬などを使うことが多くあります。畑や田んぼなどで野菜や米を作る時には、一度にたくさんの野菜や米を作るために、畑や田んぼ全体に農薬を散布《さんぷ》します。しかし、近い将来《しょうらい》には、畑や田んぼのどの部分に害虫などが発生しているのかをAI が判断《はんだん》し、害虫が発生している部分にだけ、農薬を散布するようなことも可能《かのう》になるでしょう。

ドローンに搭載《とうさい》したカメラで農場全体を撮影《さつえい》し、その画像《がぞう》をAI が分析《ぶんせき》して、どことどこに害虫が発生しているかを判断し、「ここに害虫が発生している」という分析結果をドローンに伝えます。そうすると情報《じょうほう》を受け

AI が病気を診断《しんだん》

ドローンで農薬散布《さんぷ》

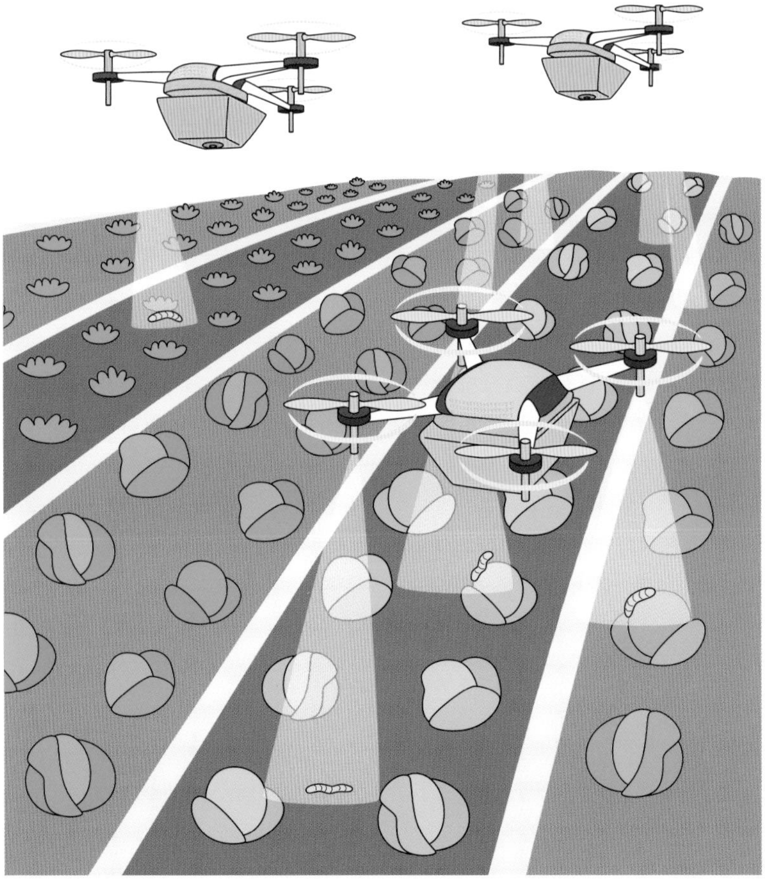

取ったドローンが、害虫が発生している場所だけに、必要な農薬を散布するといったことが可能になるのです。

■ AI《エーアイ》で家畜《かちく》の健康管理を実現《じつげん》

牛や豚《ぶた》などを飼育《しいく》している牧場などにもAI《エーアイ》が活用されます。これまでは牛や豚、にわとりなどの家畜《かちく》を飼育する上では、人間が１頭１頭の様子を見ながら、「エサを食べる量が減《へ》っているな。病気かもしれない。」と判断《はんだん》して、より注意深く様子を見たりする必要がありました。

しかし、AIを使った牧場では、カメラやセンサーを使って、こうした家畜１頭１頭の様子をデータ化し、「いつもよりエサを食べる量が少ない」とか、「いつもより動きがにぶい」といった状態《じょうたい》を発見し、「病気の疑《うたが》いがある」といったことを人間に教えることができるようになりつつあります。

AIの機械学習によって、１頭１頭のふだんの動きや、エサを食べる量などをデータとして取りこみ、そのデータを分析《ぶんせき》することで、１頭ごとの異常《いじょう》を発見することができるのです。

3 人間がAI《エーアイ》を使いこなす未来

AI《エーアイ》には良い面も悪い面もある

AI《エーアイ》がどんどん進化していくことで、わたしたちの未来の暮《く》らしはとても便利に、そしてとても豊《ゆた》かなものになっていくことでしょう。

一方で、シンギュラリティはないにしても、人間の仕事が奪《うば》われるのではないかという心配や、AIを使った戦争兵器が開発されるのではないかという心配などもあります。

科学や技術《ぎじゅつ》など文明が発展《はってん》するということは、多くの場合、良い面も悪い面もあるものです。

原子力をエネルギーとして利用する技術が開発されたことで、石油などの天然資源《しげん》に頼《たよ》らないエネルギーを生み出せるようになったことは良い面ですが、その半面で、原子爆弾《ばくだん》という恐《おそ》ろしい兵器が生み出されたことは悪い面だといえます。

AIも同じなのです。AIはコンピューターのプログラムに過《す》ぎません。それ自体には、良いも悪いもないのです。AIをどのように使うのか、何に利用するのかによって、良い面も悪い面も現《あらわ》れるのです。

AI《エーアイ》の良い面も悪い面も、それを引き出すのも人間である

AI《エーアイ》を利用して何をするのか、それを考えるのも、考えた利用方法を実現《じつげん》するのも、人間です。つまり、人間がAIを正しく利用する限《かぎ》り、それは人々の暮《く》らしを豊《ゆた》かにする道具であり続けます。

近い未来では、たくさんのAIが、いろいろな場面で、仕事や勉強、暮らしなどを支援《しえん》してくれるようになっていることでしょう。AIという便利な道具を使いこなす社会は、もうすぐそこまで来ているのです。そして、わたしたちがAIを便利に使いこなして、暮らしを豊かなものにするためには、わたしたち自身がAIのもつ可能性《かのうせい》の良い面を引き出す必要があるのです。

まずは、AI《エーアイ》のことを理解しよう

AI《エーアイ》研究が最終的に目指すものは、「人間と同じくらい賢《かしこ》いコンピューター」を作ることですが、それが実現《じつげん》するのはまだまだ先のことだと考えられます。しかし、特定の分野を専門的《せんもんてき》に扱《あつか》うAIは、いろいろな分野で、さまざまな利用が進んでいくことは間違《まちが》いありません。いわゆる「特化型AI」です。

汎用《はんよう》AIと違い、特化型AIでは、AI自体に得意・不得意があり、かつ個々《ここ》のAIによってできること・できないことが異《こと》なってきます。

AIを搭載《とうさい》したお掃除《そうじ》ロボは、部屋の中にある障害物《しょうがいぶつ》をセンサーで確認《かくにん》して、障害物をよけながら部屋の掃除をします。しかし、お掃除ロボには囲碁《いご》はできません。

反対に、囲碁ではプロ棋士《きし》を打ち負かすほどのAIであっても、部屋の中の障害物を確認したりすることはできないのです。

そのため、わたしたちはまずAIそのものの得意・不得意をきちんと理解《りかい》し、さらには、“今、目の前にあるAIは、何ができて、何ができないAIなのか”ということもきちんと理解することが必要になるのです。

AIが得意なこと・不得意なことは何か、そのAIができること・できないことは何か、ということを理解することによって、“道具であるAI”を使いこなすことができるようになるのです。

道具としてのAI《エーアイ》を使いこなすために

AI《エーアイ》は、まるで人間のように会話ができたとしても、あくまでもコンピューターのプログラムです。

インターネットで買い物をしていると、AIが「こんな商品がおすすめですよ」と、こちらが興味をもちそうな商品を教えてくれます。しかし、これは過去のデータを使って、“この人なら、こんな商品を買いそうだ”と予測《よそく》するプログラムを実行しているに過《す》ぎません。もし、あなたが“これまでに買ったものとは、全然違《ちが》う商品を買いたい”と思っても、AIにはそれを予測することはできません。参考にすべきデータがないからです。

しかし人間の店員なら、あなたの様子を見て、いろいろな商品を見せながら、結果的にあなた自身も気づかなかったような新しい商品への興味を引き出してくれるかもしれません。

人間には、相手とのコミュニケーションによって、新しい“何か”を発見したり、生み出したりできるという能力があります。

問題解決力や創造力《そうぞうりょく》(→P.25、26参照)とは、まさに「新しい“何か”を発見したり、生み出したりする能力」そのものです。わたしたちが、こうした能力をもっともっと伸《の》ばしていくことができれば、AIが発達したことによって仕事が奪《うば》われる、といった心配などなくなることでしょう。

しかし、こうした能力を伸ばすために、特別なことをする必要はありません。ふだんの生活の中で、「人との会話を大切にする」「相手の気持ちを思いやる」「いろいろなことを自分なりに工夫する」といったことをやってみるだけでも、AIにはできない、人間の得意を伸ばすことにつながります。

また、たくさんの本を読んだり、いろいろな音楽を聴いたり、絵画や彫刻といった多く

の芸術作品に触れるなど、さまざまなことに関心をもち、積極的に経験を積んでいくことも、自分の能力を高め、知識を増やすことにつながるでしょう。

　そうやって経験を積み、知識を増やしていけば、AI を使いこなすことは、それほど難しいことではなくなるかもしれません。

コラム

インダストリー4.0（スマートファクトリー）

インダストリー 4.0 とは、IoT《アイオーティー》(もののインターネット)や AI《エーアイ》などを活用して、工場でのものづくりをより良くしようという考え方です。スマートファクトリーともいわれます。

ものを作る工場がオートメーションという方法によって、ロボットなどを使って、大量に同じものを作り出すことができることは、すでに説明しましたが、スマートファクトリーは、さらに進化した工場になります。

一般的《いっぱんてき》に工場では、いくつかの部品を順番に組み立てていって、最後に製品《せいひん》として完成します。たとえば 10 個《こ》の部品を組み立てて完成する製品であれば、10 回の作業手順が必要になります。この 10 回の作業手順のうち、ある部分はロボットがやり、ロボットにはできない作業があれば、そこは人間が担当《たんとう》するなどの役割分担《やくわりぶんたん》をします。作業手順のすべてをロボットなどの機械が担当していれば、それはフルオートメーションなどと呼《よ》ばれます。

工場では、何かの部品が足りなくなれば、それを補充《ほじゅう》する必要がありますし、作業手順の中のどこかで機械やロボットが故障《こしょう》して止まってしまったり、人間の作業が遅れたりすると、その分、製品づくりが止まってしまったり、遅《おく》れたりしてしまいます。

スマートファクトリーでは、どの部品が足りなくなりそうなのか、作業手順でどこに遅れが発生しそうなのか、あるいは機械やロボットが故障しそうなのか、といった情報をインターネットを使って集め、AI で分析《ぶんせき》します。これまでの一般的な工場では、そうしたチェックは人間がやっていましたが、スマートファクトリーでは AI が中心になって、そうしたチェックをすべて行い、部品の補充が必要であれば、自動的に補充の準備《じゅんび》をしてくれたりします。

また、インターネットや AI を活用することで、世界中にあるたくさんの工場を 1 箇所《かしょ》で管理するようなことも可能になり、ものづくりはもっと便利になることでしょう。

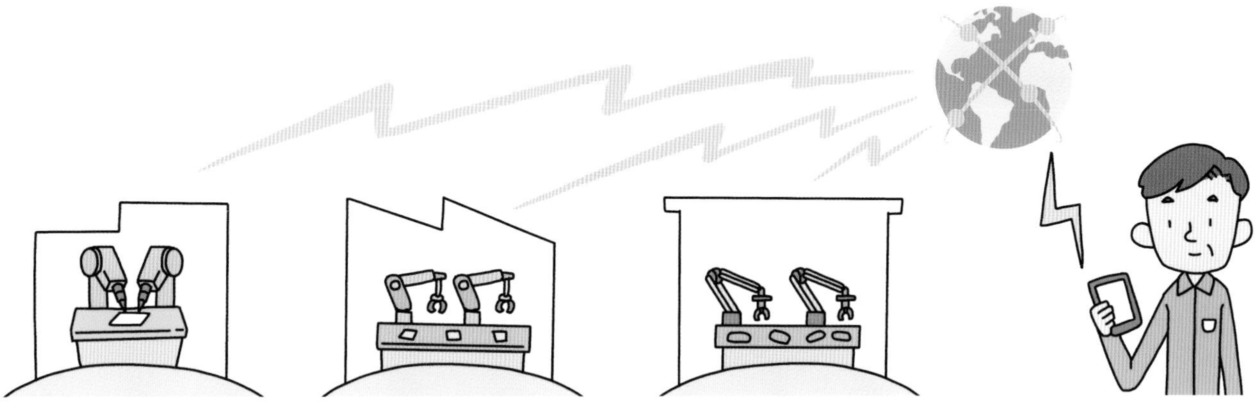

さくいん

●監修

山田 誠二（やまだ せいじ）

1989年大阪大学大学院博士課程を修了後、同大学助手、講師、東京工業大学助教授を経て、2002年より国立情報学研究所教授、総合研究大学院大学教授、東京工業大学特定教授。2016年から2018年まで、一般社団法人人工知能学会会長を務めた（現在は顧問）。
専門はHAI（ヒューマンエージェントインタラクション）、人工知能、Webインテリジェンスで、現在はHAI、IIS（知的インタラクティブシステム）を中心に各種の研究プロジェクトを推進中。主な著書に『本当は、ずっと愚かで、はるかに使えるAI ―近未来人工知能ロードマップ』（日刊工業新聞社）、『マインドインタラクション― AI学者が考える《ココロ》のエージェント』（近代科学社）など多数。

●装丁

村口敬太（Linon）

●編集協力

図書印刷株式会社／有限会社オズプランニング

●本文デザイン・DTP・イラスト

HOPBOX

●写真提供

カバー・表紙　（右上）アフロ
（中央）Science Photo Library/ アフロ
（左）つのだよしみ / アフロ
本扉　PIXTA
11ページ　「茶運び人形　伝 細川半蔵作」高知県立歴史民俗資料館蔵
「手紙を書くピエロ」野坂オートマタ美術館

ISBN 978-4-7999-0355-1 NDC007 48p 293 × 215mm

AIとともに生きる未来

4　これからのAI～「シンギュラリティ」が来る?

2020年2月　初版第1刷発行
監　修　山田 誠二
発行者　水谷 泰三
発行所　株式会社**文溪堂**
〒112-8635　東京都文京区大塚3-16-12
TEL 営業　(03) 5976-1515　　編集　(03) 5976-1511
ホームページ　http://www.bunkei.co.jp
印刷・製本　図書印刷株式会社

きみは、AI に使われる？
それとも、使う？

AI とともに生きる未来

（全４巻）

AI（人工知能）が発明され、これまで３回のブームがあり、今はまさにその３回目ですが、今回のブームは、過去の２回に比べて、実用化が進んでいて、社会的にもよく知られるようになっています。
本書では、この前提に立った上で、

・そもそも AI（人工知能）とは何か、
・今後、どのような発展を遂げていくのか、
・それによって、わたしたちの生活がどのように豊かになるのか、
など、AI の基礎的な内容を豊富なイラストや図版を使ってわかりやすく解説。

・現在の３回目の AI ブームを支える、機械学習、ディープラーニングといった AI のしくみの基礎も図版を使ってイメージできるようになっています。

・AI についてプラス面だけでなく、「シンギュラリティ」の問題や”AI によって人間の仕事が奪われる”可能性など、マイナス面もふくめ、総合的に解説。

・これから AI がますます発達する中で、AI という新しい「道具」をいかに使いこなしていくか…そのためには、どのような能力開発・スキル開発をめざすべきかについても言及しており、子どもたちの将来の職業選択の一助になる内容となっています。

監修：山田誠二

各巻構成

Ａ４変判
各 48 ページ
NDC007
（情報科学）

1　知ろう AI というプログラム
2　AI の進化　推論・探索からディープラーニングまで
3　AI の今　スマート家電・バーチャルアシスタントなど
4　これからの AI「シンギュラリティ」が来る？